# QUELQUES NOTES

SUR LA

# MAISON D'AUDIBERT DE LUSSAN

PAR

## LE COMTE DE CAROL

(Extrait de la *Revue des Questions Héraldiques.*)

## PARIS

*AUX BUREAUX DE LA REVUE*

54, rue Vaneau, 54

—

1904

# QUELQUES NOTES

SUR

# LA MAISON D'AUDIBERT DE LUSSAN

# QUELQUES NOTES

sur la

# MAISON D'AUDIBERT DE LUSSAN

par

## LE COMTE DE CAROL

(Extrait de la *Revue des Questions Héraldiques.*)

PARIS

*AUX BUREAUX DE LA REVUE*

**54, rue Vaneau, 54**

1904

# QUELQUES NOTES (1)



## LA MAISON D'AUDIBERT DE LUSSAN

C'est un sujet vraiment précieux pour l'héraldiste que l'histoire de cette illustre famille d'Audibert. Encore de nos jours en effet elle intéresse maints noms de l'aristocratie française et étrangère. L'archiviste, qui aurait le loisir de consacrer le temps nécessaire à cette étude, nous présenterait un exposé savant dans l'art aussi bien que très digne d'attention. Car enfin, que l'époque où nous vivons semble vouloir feindre l'indifférence sur ce qui concerne le passé de notre chevalerie, l'évidence est là pour démontrer chaque jour que le caractère de l'homme n'a point changé, et que l'honneur repose toujours sur une base plus solide lorsqu'il a des antécédents de race.

Toute courtoisie m'oblige en premier lieu d'adresser

(1) Mon intention était de donner une généalogie plutôt que quelques notes. Il eût été nécessaire de pouvoir dire d'une façon affirmative si la branche Massilian s'était bien éteinte en la personne du lieutenant général auquel Louis de la Roque, dans son *Armorial de Languedoc*, ne donne pas d'alliance. Mais mes efforts n'ont pas trouvé l'écho qu'il leur était permis d'attendre.

un cordial merci aux éminents collaborateurs qui ont bien voulu m'honorer de leurs lumières et de leur savoir. C'est d'abord notre très érudit Président du Conseil Héraldique de France, le vicomte Oscar de Poli, dont l'abord si courtois et les manières d'autrefois lui ont valu tant de sympathies et même de royales amitiés ! Quelle belle figure encore que cet auguste prélat dont la simplicité égale les vertus ! Les Rovérié ont eu les liens de parenté les plus rapprochés avec les Lussan. Je nomme Sa Grandeur Monseigneur de Cabrières, Évêque de Montpellier. La carrière de cet émule des saints Basile et Grégoire de Nazianze fera trace dans l'histoire de l'Eglise. Je citerai aussi mes honorables collègues du Conseil Héraldique, le comte de Balincourt, encore un vieux serviteur de la patrie qui sait d'où tenir l'honneur de son épée ; et le président d'Albiousse, membre de cette magistrature d'antan dont il ne nous reste que le souvenir !

Comte de Carol.

—

Un mot d'abord sur les armoiries. La Maison d'Audibert de Lussan porte : *d'or au lion de gueules*. Nous considérerons ces armes comme fort anciennes en y constatant une allégorie parlante. Nous disons allégorie parlante d'après l'admirable devise qui en est l'ornement : *Par la grâce de Dieu, je suis ce que je suis.* Ce que je suis, nous dit le chevalier croisé ou quelque autre de sa race, c'est un lion. Pausanias dit qu'Agamemnon portait sur son bouclier la figure d'une tête de lion avec ces paroles : celui-ci est la terreur du genre humain. Le lion a toujours représenté la force et le courage. Il est l'honneur, le légitime orgueil, qui ne vont point sans la vertu. De par un tel emblème, et pour avoir une allure plus fière, il est rampant. Il est de gueules, couleur de tournois ; sur champ d'or, nuance du soleil.

La Maison d'Audibert de Lussan est originaire de Provence. Les formes latines anciennes du nom sont aussi bien Audebertus, Aldebertus que Audibertus. C'est de cette première province que les Aldeberti, Audeberti, Audiberti ont provigné dans les régions voisines : Comté Venaissin, Dauphiné, Languedoc. Il est incontestable que la forme provençale du latin Aldebertus, Audibertus, est Audibert. Audebertus et Audibertus sont deux formes du même nom ; en 1221 et 1235 le même personnage est appelé *Petrus Audebertus* et *Petrus Audeberti*.

Gaubert Audibert, *Gauthertus Audibertus*, fut témoin d'une donation faite à l'abbaye de Saint-Pierre de Vigeois par Étienne de Turazo l'an 1060. (Bibliothèque Nationale. Coll. Moreau, tome 26, folio 188. — Extrait du cartulaire de Vigeois.)

Étienne Audibert, *Stephanus Audebertus*, est nommé dans une charte de l'abbaye de Vigeois de l'an 1100. (Moreau, tome 40, folio 142.)

Guillaume d'Audibert, *Guillelmus Aldeberti*, est nommé dans une charte du monastère de Lérins, de l'an 1124. (Flamare, Cartulaire de Lérins. Nice, 1882, pages 99 et 114.)

Rostaing d'Audibert, *Rostagnus Aldeberti*, appartenait au conseil de la ville d'Arles l'an 1158. (B. N. cartulaire de Provence, tome I, man. latin, nouv. acquisitions 1367, p. 327.)

Pierre d'Audibert, *Petrus Audebertus*, était consul de la même ville en 1211. (Ibid., page 325.) Il est aussi dé-

nommé *Petrus Audiberti* dans une transaction de l'an 1235.
(Cartulaire de Provence, tome I, page 595.)

Bertrand Audebert ou Audibert, *Bertrandus Audibertus*,
est homme d'armes de la ville d'Arles en 1235. (Ibid. page 5.)

Arnaud Audebert ou Audibert, *Arnaldus Audebertus*,
accompagne le roi saint Louis en Terre Sainte en 1250 (1).
Il y contracta un emprunt à Saint-Jean d'Acre solidaire-
ment avec le chevalier de la Fare, Ponce de Beaulac, et
autres écuyers. (2)

Bertrand d'Audibert, et Pierre d'Audibert, *Bertrandus
Audeberti* et *Petrus Audeberti*, sont considérés comme de
notables habitants de Notre-Dame de la Mer, près d'Arles
en 1322 et 1338. (Cart. de Provence, tome II, man. latins,
nouv. acquisitions 1368, pages 42 et 196.)

Pierre Audibert, chevalier, se trouve nommé à Aix en
Provence, le 27 décembre 1386. (Dom Villevieille, *Trésor
généalogique.*)

Pierre Audebert, auditeur aux comptes de Dauphiné,
est nommé le 25 avril 1495 dans le testament de noble et
puissant Charles Alleman, seigneur de Sichiline, qui avait
été son héritier en partie. (Ibid.)

Antoine d'Audibert, seigneur d'Alègre, capitaine com-
mandant une compagnie de gens de pied, signa le
6 février 1690 à Béziers une quittance de cent écus à lui
versés par messire du Tremblay, trésorier général de l'extraordinaire des guerres et ordonnés par le duc de
Montmorency, lieutenant général en Languedoc. (B. N.
Cabinet des Titres, Pièces originales, doss. 2672, folio 133,
original parchemin.)

---

(1) P. Roger, *La Noblesse de France aux croisades*, page 270 (publié
en 1845, grand in-8°).

(2) B. N. manus. latins 17.803. — Chartes de Croisades, nos 122 et 278.

Notons enfin Noël-Claude Audibert, seigneur de Tamaris, et Marguerite Guinant, veuve de Guillaume Audibert, seigneur de Botrone. (D'Hozier, *Armorial général*, 1696, Montpellier-Montauban. p. 196. — Paris, tome I., p. 759.)

Le fief principal de la Maison d'Audibert était la terre de Lussan, située en Languedoc, à quatre lieues d'Uzès. Nous verrons dans la suite, que la branche des seigneurs de Massilian puînée fut, plus tard, dénommée aussi de Lussan, par substitution. Considérons pour l'instant que le premier auteur de cette famille, permettant de commencer une filiation suivie, est :

I degré. Jacques d'Audibert, seigneur de Lussan. Il fait une remission de lots le 21 mai 1477. Il est qualifié haut et puissant seigneur dans le dénombrement qu'il fait au Roi de sa terre et de son château de Lussan le 16 avril 1504. Il fit son testament le 12 janvier 1514, par lequel il institua héritier universel Joachim d'Audibert, son petit-fils. Il eut de son mariage avec N. de Barjac : 1° Pierre d'Audibert : 2° Madeleine d'Audibert, mariée à Jacques d'Agulhac, seigneur de Rousson.

II. Pierre d'Audibert, seigneur de Lussan et de Valrose, est nommé dans une donation consentie par son père le 22 août 1524. Il a aussi deux enfants de sa femme, Claudine de Laudun : Joachim d'Audibert, mort sans alliance, et

III. Gaspard d'Audibert, seigneur de Lussan et de Valrose. Ce dernier fut capitaine d'une compagnie de 300 hommes d'armes par motion du 31 août 1533. Il reçut ordre du duc de Guise de conduire cinq compagnies en Italie. Le Roi lui donna commission le 2 août 1556 pour faire deux compagnies de gens de pied. Il testa le 29 août de la même année, et se qualifie dans cet acte noble et généreuse personne (1). Il avait épousé : 1° Jeanne de Bordalle d'Aramon, dont Gabriel d'Audibert, seigneur de Lussan ; 2° le 1ᵉʳ juin 1525, Gabrielle de Pellegrin, fille de François de Pellegrin, seigneur de la Bastide et d'Orniol, et de Jeanne de Maubuisson (2). Quatre enfants sont venus de ce second lit : 1° Simon d'Audibert, seigneur de Careirac, a donné origine à la branche des seigneurs de Massilian ; 2° et 3° Jean d'Audibert et Adam d'Audibert

(1) Du 29 août 1556. Testament de noble et généreuse personne Gaspard Audibert, capitaine de 300 hommes d'armes pour le service de Sa Majesté fait en avril 1556 au lieu de la Cieutat près Marseille où le dit testateur était avec la dite compagnie sur le point de s'embarquer sur les galères du Roy, pour aller en Italie par lequel il ordonne que son corps soit inhumé honorablement. Il lègue à Pierre et Antoine Audibert ses fils du premier lit, à chacun la somme de 200 écus d'or. Il donne à Jean et Simon, aussi ses fils de son second lit, ainsi qu'à sa seconde femme Gabrielle Pellegrin, pareille somme et à chacun. Il laisse en outre à sa femme le droit d'habiter et gérer la terre de Mallaverne dite Cabassat par lui acquise du Révérend Père en Dieu l'Évêque d'Uzès, ainsi qu'une maison dans le fort de Lussan, à condition que le tout retournerait après son décès à son héritier. En cas que sa femme vienne à se remarier, il lui donne en légat testamentaire la somme de 200 écus payable le jour de ses noces. Il lègue à Lucréce, sa fille, la somme de 100 livres en surplus de la dot qu'il lui a faite. Il institue son légataire universel Gabriel d'Audibert son fils, et dans le cas où Gabriel vint à décéder sans enfants, il lui substitue Simon, son fils du deuxième lit. Il nomme pour leur tuteur Messires Jacques et Pierre de la Fare, oncles maternels. Le testament passé par devant Messires Claude Abeille, Antoine Marin, Antoine Brunet, Consuls dudit lieu de la Cieutat, Gaspard Ginestoux, et par devant Mᵉ Plasse, notaire royal. (B. N., *Carrés d'Hozier*, p. 76, tome 43.)

(2) Du 17 avril 1554. Ratification faite le 25 du mois d'avril de l'an 1554, par noble François de Pellegrin, seigneur de la Bastide et d'Orniol, au diocèse d'Uzès, sénéchaussée de Beaucaire et Nîmes, du contrat de mariage de noble Gabrielle de Pellegrin, sa fille et de dame Jeanne de Maubuisson sa femme accordé avec noble Gaspard d'Audibert, seigneur de Lussan et de Valrauze, par lequel contrat, noble de Cuiraud de la Colombière, fondé de sa procuration avait constitué en dot à la dite Gabrielle Pellegrin la somme de 200 écus d'or. Cet acte passé en la ville de Bagnols, dans la maison du sieur Simon Reilhon,

sont chevaliers de Malte en 1582 ; 4° Lucrèce d'Audibert est nommée dans le testament de son père.

IV. Gabriel d'Audibert, seigneur de Lussan et de Valrose, est capitaine d'une compagnie de chevau-légers en 1574. Il fut condamné par arrêt du Parlement de Toulouse en date du 30 janvier 1565 à ne point reporter les sommes et deniers payés à dame Gabrielle de Pellegrin et à payer à Simon d'Audibert 250 livres pour tous les droits de succession. Il fit son testament (1) le 11 juillet 1595 par lequel il institue héritier universel Charles d'Audibert son fils, à la charge de compter à Jean d'Audibert son autre fils chevalier de Malte une somme de 3000 livres. Il est qualifié noble homme, seigneur de Lussan, Valrose et autres lieux, dans son contrat (2) de mariage du 11 novembre 1558 Il avait épousé en effet Gabriel de Budos de Portes (3), fille de Jean de Budos, baron de Portes, et de Louise de Porcelet Maillane. Trois enfants sont nés de ce mariage : 1° Charles d'Audibert, seigneur de Lussan ; 2° Jean d'Audibert, dit le chevalier de Lussan, chevalier de Malte en 1595 (4) ;

chevaucheur servant la poste pour le Roy, en présence de noble et vénérable homme Jacques de la Fare, grand vicaire de l'Évêque d'Uzès Jean Ranchin, prieur de Monteil, vicaire official de l'Évêque d'Uzès, et Jean Pouzols, prieur de la ville de Bagnols. Délivré par Crozet notaire royal à Bagnols. *(Carrés d'Hozier*, vol. 43, p. 75.)

(1) Prignière, notaire royal à Nimes.

(2) Briçonnet, notaire royal au Collet.

(3) Son frère, le marquis de Portes, fut marié à une fille du duc d'Uzès. De ses deux filles l'une fut mariée au duc de Montmorency et la seconde au duc de Saint-Simon.

(4) Lettre de Monsieur le connétable de Montmorency à Monsieur le Grand Maître de Malthe. — Monsieur, ayant sçu que le chevalier de Lussan s'en allait vous trouver pour vous continuer et à la religion le service qu'il est tenu je n'ai pas voulu perdre cette commodidé pour vous témoigner par la présente la continuation de mon humble dévotion en votre particulier et vous supplier autant affectionnement qu'il m'est possible avoir agréable d'honorer de votre bienveillance et amitié ledit chevalier de Lussan, afin qu'il en puisse sentir les effets

3° Noëmie d'Audibert de Lussan, mariée à Jean Bérard de Montalet, seigneur de Mondrans.

V. Charles d'Audibert, seigneur de Valrose, puis de Lussan, reçut ordre du connétable de Montmorency le 15 août 1598 de mettre sur pieds la compagnie de son fils, et fut blessé à la bataille de Coutras sous les ordres du duc de Joyeuse qui fut tué dans cette même bataille. Il fit son testament le 10 mars 1624. Il avait épousé, par contrat du 10 janvier 1588 (1), Marguerite d'Albert de Mondragon, dame de Saint-André et de Sabran, fille et héritière d'Edouard d'Albert, qualifié haut et puissant seigneur, seigneur de Saint-André, Sabran et Cabrières, chevalier de l'Ordre du Roy, gouverneur d'Aigues-Mortes, et de Marguerite de Bourdic. Son oncle le seigneur de Mondragon lui compta cent mille livres en dot. Il y eut deux enfants de cette alliance : Jacques d'Audibert, premier comte de Lussan ; et Françoise d'Audibert de Lussan, prieure de Saint-Pierre du Puy, en la principauté d'Orange (2).

aux occasions qui s'offriront auxquelles il vous plaira l'avoir recommandé selon qu'il s'en rendra digne et capable. Il appartient à ma femme ; et autre ce que je l'ai toujours connu comme gentilhomme de mérite, désireux de vous témoigner le très humble service qu'il vous a voué, ce qui me convie à vous redoubler ma supplication du fruit de laquelle s'il vous plaist le ferez ressentir. Ce sera une augmentation de obligation qu'il m'en restera à votre égard. Je prie Dieu, Monsieur, de vous donner longue et très heureuse vie. Du camp d'Amiens, le 1ᵉʳ septembre 1597, votre très humble et plus affectionné serviteur. MONTMORENCY.

(1) Bizoet et La Palme, notaires royaux à Barbentane.

(2) Extrait des registres du Parlement d'Orange. — Frédéric-Henry par la grâce de Dieu Prince d'Orange, etc., au Révérend Seigneur abbé général de l'Ordre de Cîteaux, et au cas de vacances aux seigneurs les Directeurs auxquels appartient la collation des bénéfices de votre ordre. Salut. Sous le bon rapport qui nous a esté faict de dame Françoise d'Audibert de Lussan, religieuse professe de votre ordre, avons icelle nommée et instituée prieure des religieuses du

VI. Jacques d'Audibert, premier comte de Lussan, baron de Valrose, seigneur de Saint-André d'Oleyragues. de Saint-Martin et autres lieux, eut une lettre du duc de Montmorency pour mettre sur pieds un régiment d'infanterie le 4 octobre 1627. Le roi Louis XIV lui accorda des lettres patentes en forme de charte datées du 9 octobre 1645, portant érection des seigneuries de Lussan, Valrose, Saint-André d'Oleyragues et Saint-Martin du Creiset, en comté sous la dénomination de Comté de Lussan. Le comte de Lussan prit part au siège d'Arras le 25 août 1654, et reçut le 4 juin 1655 un brevet de maréchal de camp. Il demeurait en son château de Lussan lorsqu'il fut maintenu dans sa noblesse, le 29 novembre 1668 (1). Les Maréchaux de France envoyèrent

Monastère fondé par nos prédécesseurs dans notre ville d'Orange sous le titre de Saint-Pierre du Puy et dépendance de Notre-Dame-des-Champs y annexée au terroir du lieu de Mondragon vacant tant par la résignation que dame Jeanne d'Audibert de Lussan, religieuse de votre ordre et prieure du susdit monastère en a fait entre nos mains sous notre bon plaisir qu'à présent par le décès de la dite dame Jeanne d'Audibert, duquel Prieuré vacation y échéant la nomination nous appartient à cause du juspatronat que nous avons de notre souveraine principauté d'Orange, voulons et ordonnons que la dite dame Françoise d'Audibert de Lussan, religieuse susdite prenne possession du dit prieuré et annexes d'y celui, etc. Vérifié par arrêt de la cour, le 16 octobre 1645.

(1) Ordonnances rendues à Montpellier le 29 du mois de novembre 1668 par Claude Bazin, chevalier. seigneur de Beson, conseiller ordinaire du Roy en tous ses conseils. intendant de justice, police et finance en la Province de Languedoc député par Sa Majesté pour procéder à la vérification des titres de noblesse. Entre le procureur du Roi et la dite commission d'une part. et de noble Jacques d'Audibert, comte de Lussan, baron de Valrose, seigneur de Saint-André de Seyrargues et de Saint-Marcel du Careiret, demeurant dans son château de Lussan au diocèse d'Uzès, faisant tant pour lui que pour nobles Jean, Nicolas, Charles, François et Joseph d'Audibert, nobles Charles d'Audibert, seigneur de la Calmette, autre Charles d'Audibert, seigneur de la Pize et Jacques d'Audibert. son fils, seigneur d'Aleyrac demeurant à Saint-Jean de Marvejols, noble Louis d'Audibert de Lussan de Massilian et

le 4 novembre 1669 au comte de Lussan une commission
pour terminer et accorder les querelles et différents des
gentilshommes du diocèse d'Uzès. Il eut pour femme
Jeanne de Grimoard Beauvoir du Roure, fille de Jacques
de Grimoard Beauvoir, comte du Roure, baron de Grizac
et de Bannes, capitaine de deux cents hommes d'armes,
maréchal de camp ès armées du Roy, gentilhomme ordinaire de sa chambre, et de Jacqueline Raymond de Mont-
laur Maubec. De ce mariage vinrent huit enfants : 1° Jean
d'Audibert, comte de Lussan ; 2° Nicolas d'Audibert de
Lussan, grand-vicaire du diocèse d'Uzès ; 3° Charles d'Audibert de Lussan, seigneur de Saint-André d'Oleyragues,
sans alliance ; 4° François d'Audibert de Lussan, aussi sans
alliance ; 5° Joseph d'Audibert de Lussan, chevalier de
Malte en 1666 ; 6° Gabrielle d'Audibert de Lussan, mariée
le 26 août 1612 à Jacques, II du nom, marquis de la Fare,
vicomte de Monclar, baron de Salendrenques, seigneur de
la Bastide d'Engras et autres lieux, capitaine d'une compagnie de cavalerie en 1638, fils de Jacques, I du nom,
baron de la Fare, de Monclar et de Salendrenques, et
d'Hélis du Puech, dame de Saint-Martin ; 7° Jeanne d'Audibert de Lussan, mariée à Antoine de Castillon, baron
de Saint-Victor, fille de Pierre de Castillon, baron de
Saint-Victor, et de Françoise de Thézan-Pujol ; 8° autre
Jeanne d'Audibert de Lussan, prieure du monastère de
Saint-Pierre du Puy, était déjà morte en 1645, après avoir

de la Rocherie, coseigneur de Saint-Pons, maréchal des camps et armées
du Roi, tant pour lui que pour Charles, Alexandre et Jacques ses enfants
après quoi avoir vu les titres qui leur revient et qui lui avaient été
présentés, déclare d'Audibert noble et issu de nobles, et ordonne qu'ils
jouissent ensemble et leur postérité née et à naître en légitime mariage
de tous les privilèges de noblesse tant qu'ils vivront noblement. Ils
seront portés en ces qualités au catalogue de la noblesse du Languedoc. BESON.

résigné son bénéfice, probablement en faveur de sa tante Françoise d'Audibert de Lussan, religieuse du même ordre (1).

VII. Jean d'Audibert, comte de Lussan, baron de Valrose, seigneur de Saint-André, de Saint-Marcel, et autres lieux, premier gentilhomme de la chambre du Prince de Condé, son cousin (2) et chevalier des Ordres du Roy (3), prit part à la bataille de Senef au mois d'août 1674 (4), et mourut au mois de février 1712 à l'âge de 85 ans.

(1) Voir page 12, note 2.

(2) Consanguinité de la Maison d'Andibert de Lassan avec les Princes de Condé, de la Maison Royale de France :

Jean de BUDOS, baron de Portes<br>Louise de PORCELET MAILLANE

| Gabrielle de BUDOS Gabriel d'AUDIBERT, sgr de Lussan, capitaine de chevau-légers. | Antoine-Hercule de BUDOS, marquis de Portes, lieutenant-général et chev. des Ordres du Roi. Louise de CRUSSOL-UZÈS |
|---|---|
| Charles d'AUDIBERT, sgr de Lussan Marguerite d'ALBERT de MONDRAGON | Louise de BUDOS Henry, duc de Montmorency, pair et connétable de France |
| Jacques d'AUDIBERT, premier comte de Lussan, maréchal de camp ès armées du Roi. Jeanne de GRIMOARD BEAUVOIR DU BOURE. | Charlotte Marguerite de MONTMO-RENCY. Henri de BOURBON, II du nom, prince de Condé, premier prince du sang. |
| Jean d'AUDIBERT, comte de Lussan, gentilhome de la chambre du Prince de Condé, chevalier des Ordres du Roi | Louis de BOURBON, II du nom, prince de Condé, surnommé le grand, premier prince de sang et premier Pair de France, duc de Bourbon, d'Enghien, etc. |

(3) Suivant les preuves de noblesse produite par devant MM. les Marquis de Beringhen et de Garnache, commandeurs des dits ordres, commissaires à ce députés par lettres patentes du 12 décembre de la même année.

(4) Lettre de Madame la Princesse de Montmorency à Monsieur de Lussan… « Mon cousin, ayant appris que vous désiriez de voir pour quelques temps votre petit-fils et l'ayant vu en résolution de vous aller trouver j'ai cru estre de son bien de l'arrester jusques à Pâques pour lui donner plus de moyen durant cet hiver de continuer ses exercices, ce quoi il commence à si bien profiter que je m'assure vous aurez regret de l'en détourner. Le gentilhomme qui est auprès de lui

Il faisait partie de la onzième promotion dans l'Ordre du Saint-Esprit, faite dans la chapelle du château de Versailles le 31 décembre 1688 (1). Il avait épousé par contrat du 26 mars 1674 (2) Marie Françoise Raymond, fille unique et héritière d'Henry Raymond, seigneur de Brignon, de Sanilhac et de Rozières, et de Marguerite de Bruez de Saint-Chapte. La comtesse de Lussan mourut le 8 octobre 1716, ayant eu une fille unique :

Anne-Gabrielle d'Audibert, comtesse de Lussan, née en 1675, fut mariée : 1° Le 20 juillet 1700 à Henri Fitz-James, duc d'Albemarle, Pair de la Grande-Bretagne, lieutenant général des armées navales de France, chevalier de la Jarretière, fils naturel de Jacques II du nom, roi de la Grande-Bretagne, et d'Henriette Chelzey, comtesse de Dorchester, dame d'honneur de la reine d'Angleterre ; le duc d'Albemarle, frère consanguin du maréchal de Berwirk, mourut à Bagnols (3) en Languedoc le 27 décembre 1702 (4). 2° A Naton O'Mahony (5), colonel irlandais ; dont le mariage fut tenu secret pour qu'elle pût conserver

vous va trouver pour vous mieux représenter ce que je vous en dis : Estant ce que vous m'estes, j'ai cru que vous ne seriez fasché contre lui s'il est demeuré, par mon avis, et s'il a fait faute je le prends sur moi qui serai toujours bien aise de vous témoigner à tous mon affection. Obligez moi de ce croire et que je suis, mon cousin, votre très affectionnée cousine à vous servir. MONTMORENCY. »

(B. N. Dossiers bleus, n° 39.).

(1) Catalogue de l'Ordre du Saint-Esprit.

(2) Chastaigné et Barré, notaires royaux à Brignon.

(3) Aujourd'hui chef-lieu de canton, arrondissement d'Uzès.

(4) Laissant une fille qui a été religieuse. *Mercure de France*, juin 1741, p. 1258.

(5) La Maison O'Mahony est une des plus anciennes et des plus illustres d'Irlande. Les fastes de ce royaume, dans lesquels sont consignés les origines et titres des familles nobles du pays, la font remonter à 484. Un O'Mahony fut baptisé par saint Patrice. Voir Saint-Allais, *Nobiliaire universel de France*, tome III, p. 69.

le titre de duchesse d'Albemarle. 3° Le 12 mars 1707 à André Drummond, duc de Melfort, marquis de Perth, Pair de la Grande-Bretagne, fils de Jean Drummont, comte puis duc de Melfort, et d'Eugénie Wallace, sa seconde femme. La duchesse de Melfort mourut au château de Saint-Germain-en-Laye le 11 mai 1741 à l'âge de 66 ans. Elle « était une des plus belles femmes de son temps, d'un esprit éclatant et d'une grâce infinie. Elle fut le joyau de cette triste Cour de Jacques II dans le château de Saint-Germain-en-Laye où elle brilla par son charme et son savoir. Présentée à la Cour de France, Louis XIV voulut qu'elle occupât un tabouret auprès de la reine Marie-Thérèse, mais elle préféra rester fidèle aux malheureux Stuarts (1). »

.·.

IV. Nous en sommes maintenant à la branche puînée qui a pour auteur Simon d'Audibert de Lussan, seigneur de Careirac. Il est fils de Gaspard d'Audibert, seigneur de Lussan et de Valrose, et de Gabrielle de Pellegrin, sa seconde femme (2). Il épousa le 25 août 1690 Claude de

(1) *Mercure de France*, mai 1741.

(2) Du 28 février 1621. Testament de noble Simon d'Audibert de Lussan, seigneur de Careirac. fils de feus noble Gaspard d'Audibert, seigneur de Lussan, et demoiselle Gabrielle de Pellegrin sa femme, demeurant au lieu de Saint-Jean de Maruéjols au diocèse d'Uzès, sénéchaussée de Baucaire et Nîmes fait le 28 du mois de février en l'an 1621, par lequel il élut sa sépulture dans sa chapelle appelée Notre-Dame dans l'église de Saint-Jean de Maruéjols. Il lègue à demoiselle Marguerite sa fille et de dame Claude de Mirman la somme de 3,000 livres lorsqu'elle viendrait à se marier. Il donne à Jean d'Audibert aussi à son fils, prieur de Saint-André de Belluche la somme de 6,000 livres au cas où il ne voulût pas être d'Église. Et s'il persistait dans sa vocation et qu'il voulut exiger le dit legs, il veut qu'il soit tenu à rembourser la dite somme et les frais. Il lègue à

Mirman du Fan (1), fille de François de Mirman, écuyer, seigneur du Fan, et de Marguerite de Cubières. Il fit son testament le 28 février 1621.

Leur fils aîné, Charles d'Audibert de Lussan, seigneur de la Pize et de la Coumet, demeurant à Marvéjols, diocèse d'Uzès, testa le 29 novembre 1668. De son mariage contracté en 1640 avec Jacquette de Banne, fille de Raymond de Banne, seigneur et baron d'Avéjean, et de Catherine de Lavergne, il eut deux fils : 1° Charles d'Audibert de Lussan, seigneur de la Pize, cornette puis lieutenant au régiment de Massilian, mousquetaire du Roi en 1665, mort sans alliance ; 2° Jacques d'Audibert de Lussan servit dans les gardes françaises et n'eut point d'alliance.

Le seigneur de Careirac eut en outre cinq autres enfants : 3° Jean d'Audibert de Lussan, prieur de Saint-Pons et de Saint-André de Belluche ; 4° Louis d'Audibert de Lussan, seigneur de Massilian ; 5° Hercule d'Audibert de Lussan, nommé dans le testament de son père ; 6° et 7°, enfin Anne d'Audibert de Lussan, et Marguerite d'Audibert de Lussan, toutes deux religieuses.

V. Louis d'Audibert de Lussan, seigneur de Massilin, de la Rocherie et de Saint-Pons, capitaine d'une compagnie de chevau-légers en 1641, adjudant-major du régiment de Saint-André le 20 janvier 1644, reçut ordre du connétable de Lesdiguières de se rendre en Italie, où il

nobles Louis, Hercule, et demoiselle Anne d'Audibert, ses autres enfants à chacun la somme de 2,000 livres. Et il institue son héritière universelle dame Claude de Mirman sa femme, à condition de remettre son hérédité à Charles d'Audibert son autre fils. Le testament passé au dit lieu de Maruéjols en présence de nobles Jean Badon de Camargue, Barthélémy du Puy, et reçu par Pierre Paussant, notaire royal. (*Carrés d'Hozier*, 43, page 81.)

(1) B. N. Manuscrits français, 33114, folio 34.

eut un brevet de sergent de bataille le 16 juillet 1649.
Durant cette campagne il reçut lettre du consul de Gênes
pour qu'il logeât avec sa compagnie dans le baillage de
Gex. Créé maréchal de camp ès armées du Roi le 9 juin
1655, il était capitaine et châtelain de Baïs et Tersoin, au
diocèse de Viviers, lorsqu'il fut maintenu dans sa noblesse
avec ses enfants par jugement du 29 novembre 1658 (1).
Il fit son testament le 8 mars 1684. Il avait épousé Made-
leine du Pont, fille de Louis du Pont, seigneur de Saint-
Pons, de la Rocherie et de Tataillon. et de Jeanne de
Guerre, veuve de Jean de la Tour du Pin. seigneur de
Verclauze. Les enfants de ce marige furent : 1° Louis-
Alexandre d'Audibert de Lussan, seigneur de Massilian ;
2° Jeanne d'Audibert de Lussan, mariée d'abord à Jacques
de Pardieu, puis en secondes noces à François de Blain
Marcol, seigneur de Poet ; et 3° Marie d'Audibert de
Lussan, abesse de Saint-Bernard de Bagnols.

A partir de cette génération, notre étude devient plus
arduë. Nous ne savons rien en effet de la carrière de
Louis-Alexandre d'Audibert de Lussan, seigneur de Massilian, colonel au régiment de Vogüé. Le Cabinet des
Titres nous dit (2) qu'il prit part aux guerres de Vivarais,
qu'il y fut même tué, mais nous ne voyons trace de
cette mort dans aucun récit de l'époque, ni même dans
l'histoire de cette guerre, ouvrage autorisé, par le com-
mandant Quarré de Verneuil. Il fut marié par contrat du

(1) Voyez page 13, note 1.
(2) Dossiers bleus, 39.

29 avril 1692 à Jeanne de la Chiesa (1), fille de Sébastien de la Chiesa, comte d'Eutrope et de Serinenque, ministre plénipotentiaire des Pays-Bas, et de Claude-Marie de la Pie, dame de Cromane. De cette union naquirent trois enfants : 1° Charles-Joachim-Claude d'Audibert de Lussan, lieutenant général ; 2° Alexandre d'Audibert de Lussan, chevalier de Malte ; 3° Louis-Jacques d'Audibert de Lussan, archevêque de Bordeaux.

Charles-Joachim-Claude d'Audibert de Lussan, seigneur de la Rocherie, de Saint-Pons, de Baïx et autres lieux, dit le comte d'Audibert de Lussan, lieutenant général des armées du Roi, et gentilhomme ordinaire de la chambre du comte de Charolais, prince du sang, naquit en 1698. Il servit quatre ans dans les mousquetaires, fut créé capitaine d'une compagnie de dragons par com-

(1) Du 29 avril 1692. Contrat de mariage de messire Louis-Alexandre d'Audibert de Lussan de Massilian, seigneur de Saint-Pons, de la Rocherie et de Tataillon, colonel au régiment de Vogüé, demeurant au lieu de Baix en Vivarez fils de feus messire Louis d'Audibert de Lussan, maréchal de camp et armées du Roi et de dame Madeleine du Pont sa femme, assisté de messire Louis de Josserand de la Garde, seigneur de Jouiac, major du régiment de Vogüé, de messire Joseph de Baratier, conseiller du Roi, juge royal de Baix, et missire de Barville, conseiller d'Etat, accordé le 29 du mois d'avril de l'an 1692 avec demoiselle Jeanne de Chiesa, fille de feu messire Sébastien de Chiesa, comte d'Eutrope et de Serinenque, envoyé extraordinaire de monseigneur le Prince d'Orange et des Etats généraux des Provinces Unies des Pays-Bas près de Sa Majesté Catholique, et de dame Claude Marie de la Pie, sa femme, dame de Cromane, assistée de messire Joseph Crozat, prestre de la cathédrale d'Orange, et de Claude de Vert, avocat au parlement d'Orange En faveur du dit mariage la future se constitue 12000 livres à elle léguées par le dit feu de Chieza son père, dans son testament olographe du 19 août 1679. En considération du même mariage la dite dame mère de la future lui constitue la somme de 6000 livres payable après son décès, et lui cède la somme de 65 livres de rentes au principal de 1305 livres due à la dite dame par Denis de Laurent de Beauregard. Ce contrat passé dans l'île de la Bartelosé de Villeneuve les Avignon devant Pons Blanchon notaire royal. (*Carrés d'Hozier*, 43, page 89.)

mission du 1ᵉʳ avril 1718. Il fut présent aux sièges de Fontarabie, de Saint-Sébastien, d'Urgel et de Roses, en 1719. Il se trouva au camp de la Saône en 1727, au pays messin en 1733, et au siège de Philisbourg en 1734. Colonel du régiment de la Fare par commission du 25 novembre de la même année, il se joignit à l'armée d'Italie où il servit à la prise de Gonzague, à la bataille de Reggiolo et à Rovéré en 1735. Rentré en France en 1736, il passa avec son régiment dans l'île de Corse au mois de janvier 1738. Il y servit avec distinction sous le comte de Boissieux et le marquis de Maillebois. Il fut créé brigadier des armées du Roi dans la promotion du 11 janvier 1740. Envoyé à l'armée du Rhin sous le maréchal de Noailles le 1ᵉʳ avril 1743, il partit le 4 juin suivant avec le corps de troupe de monsieur de Ségur au camp de Wimpffen pour aller joindre l'armée en Bavière. Il arriva avec le même corps à Danovert le 14 du même mois, rentra en France au mois de juillet suivant, finit la campagne en haute Alsace avec le maréchal de Coigny, et contribua à la défaite de 3000 hommes des ennemis qui avaient passé le Rhin dans l'île de Reignac. Maréchal de camp par brevet du 2 mai 1744, il concourut à la reprise de Wissembourg et des lignes de la Loutre. Il se trouva à l'affaire de Richevaux, passa à l'armée de Bavière sous les ordres du comte de Ségur, et se démit du régiment de la Fare. Il ramena en France quatre régiments de cavalerie de l'armée de Bavière en décembre de la même année ; servit à l'armée du Bas-Rhin sous le maréchal de Maillebois et concourut à la prise du poste de Chronombourg au mois de mars suivant. Il servit encore au siège de Mons et à celui de Charleroy, sous le prince de Conti. Réuni à l'armée du maréchal de Saxe, il monta plusieurs tranchées au siège de Namur, combattit à Rocoux et à Malines. Il se trouva à la bataille de

Lawfeld, et couvrit avec son armée le siège de Bergop-zoom. Il commanda au siège de Maestrich en 1748, et obtint un brevet de lieutenant général des armées du roi à la promotion du 10 mai de la même année. Il mourut le 10 avril 1761, gentilhomme de la chambre du comte de Charolais (1).

Alexandre d'Audibert de Lussan, chevalier de Malte en 1719, puis commandeur du Durban au prieuré de Saint-Gilles, mourut à Paris en 1774 à l'âge de 68 ans (2).

Louis-Jacques d'Audibert de Lussan, archevêque de Bordeaux, primat d'Aquitaine, abbé de Froidefonds, chevalier des ordres de Saint-Louis et de Saint-Michel, d'abord appelé le chevalier de Lussan, s'était engagé dans la carrière des armes comme guidon de la compagnie des gendarmes du Roi. Dans la suite, sulpicien, professeur au petit séminaire d'Angers, puis vicaire général de Saint-Omer, il fut sacré évêque de Périgueux au mois de septembre 1743, et nommé archevêque de Bordeaux le 22 juillet 1744. Il obtint dans cette ville l'existence des filles du Bon Pasteur. Il montra beaucoup de dévouement pour les pauvres lors de la disette de 1748. Il contribua à l'établissement des écoles dirigées par les frères des Écoles Chrétiennes, qu'il fit venir à Bordeaux de concert avec Louis Urbain de Tourny. Il avait reçu la croix de Saint-Louis, comme capitaine, et celle de Saint-Michel comme primat. Il mourut (3) d'apoplexie le 15 novembre 1769 en

(1) *Chronologie militaire*, Pinard, tome V, page 464.

(2) *Mercure de France*, février 1774. p. 215.

(3) Registres paroissiaux de Saint-Projet de Bordeaux, série G G. n° 627. — *Archives municipales de Bordeaux*. — L'an mil sept cent soixante-neuf, le mardi entre sept heures et huit heures du soir, quatorze du mois de novembre, Monseigneur Louis Jacques d'Audibert de Lussan, archevêque de Bordeaux depuis environ vingt-six ans fut frappé d'apoplexie dans la maison de Mademoiselle de la Caze,

visite chez Mademoiselle de la Case, fille du premier président ; ayant gouverné 25 ans son diocèse avec une grande modération et un zèle admirable. Son portrait a été gravé par Tardieu.

fille de feu M. le Président de la Caze, sur ma paroisse rue Sainte Gemme et il y mourut âgé de soixante-sept ans, le lendemain matin entre sept et huit heures mercredi 15 dudit mois de novembre. Malgré tous les secours de la médecine, il ne se reconnut jamais, cependant dans le moment de l'attaque, il comprit que c'était une apoplexie, il demanda un confesseur. Je fus appelé sur-le-champ pour lui donner les secours spirituels. Je lui donnais l'absolution et il reçut l'extrême-onction. Immédiatement après qu'il eut rendu le dernier soupir, il fut transporté à l'archevêché où on lui rendit tous les honneurs accoutumés et qu'on est en usage de rendre aux archevêques défunts. En foi de quoi signé : Baron, curé de Saint-Projet et de Notre-Dame de la Place, son annexe.

Vannes. — Imp. Lafolye.